Sehr geehrter Herr Firma!

Stilblüten aus amtlichen und privaten Schreiben

Herausgegeben von Margit und Emil Waas

WELTBILD VERLAG

Genehmigte Lizenzausgabe für
Weltbild Verlag GmbH, Augsburg 1996

Umschlaggestaltung: Peter Engel, München
Gesamtherstellung: Interpress
Printed in Hungary
ISBN 3-89350-854-6

Ein Krankenhaus ist
ein Ort wo man
hin geht, um dort
geboren zu
werden.

Die Freundschaft

Ein aufrichtiger Freund ist ein Mensch, der einem häßliche Dinge ins Gesicht sagt, anstatt sie hinter dem Rücken zu verbreiten.

BRUNNEN

An das
Oberfürsorgeamt.

Wir sind so arm daß
wir keine Mäntel haben,
und auch nichts, was wir
aufsetzen können, nicht
einmal Schuhe.
Wir bitten um dringende
Abhilfe.

Gregor Raucher
Hinter Güteramtstr. 1
III. Stock
2. Tür von hinten

EINGEGANGEN
01. OKT. 74
Erl. 9.10.1974

Gastwirt ist ~~ein~~ ein schwerer
Beruf. Man ~~st~~ steht mit
einem Bein hinter der Theke
mit dem anderen aber wegen
der Polizeistunde im Gefäng-
nis. Ein Bein aber braucht
man für das Finanzamt.

Zur Badenia
* E.Friedrich Däumy *
Offenburg, Tel. 1091

Früher ließen sich
die Hausfrauen
oft selbst das Fett
aus.

Im schönsten Mannesalter,
Im Kreise seiner lieben
Familie, ist gestern Nacht
mein lieber Mann, wie
eine vom Blitz getroffene
Eiche binnen zwei Wochen
für immer verwelkt !!

Deine Luise

Il pellame teme pioggia ed umidità. Bisogna tenere perciò le borse sempre al riparo dalle intemperie per evitare danni; caso contrario decliniamo ogni responsabilità.

La peaux crain la pluie et l'humiditè; il faut, par conséquent, tenir le sac à l'abri des intempérie pour eviter dommages; au contraire nous déclinons toutes responsabilité.

Das Leder for dem Regen Feuchtigkeit fürchten. Um zu Schaden vermeiden man müss immer die Handtaschen vom den Unwetter schützen. Im Gegensatz zu wir jede Verantwortlichkeit ablehnen.

Leathergoods are to be kept in day places. Then, for spare domages, must protect the handbags by the weather. On the contrary we decline every responsability.

Pelletterie MARISA - Vicenza

Mein Lebenslauf

Name	Klasse	Fach
Frank Josef.	8	Schüler

Mein Großvater und die Tante Friedericke ruhen längst in Frieden im Familiengrab wo sie die letzten Jahre Ihres Lebens im ungetrübten Glück verbracht hatten.

16. Juli 1939 Josef Frank

Widerruf

Ich habe die Witwe
A. Heckroth, von Haiger,
„Satan" genannt.
Dies nehme ich zurück,
da Satan ein Geist-
wesen ist und sie
trägt Menschenhaut.

Wilh. Hentz,
Haiger

Einst und jetzt

Ein späterer Millionär arbeitete damals in seiner Jugend für 3 Dollar in der Woche in einem Lebensmittelgeschäft. Drei Jahre später gehörte ihm schon das Geschäft. – Heute geht das nicht mehr, denn jetzt gibt es Registrierkassen.

Es gibt Völker, bei
denen ist Hunger
das tägliche Brot.

Sehr geehrter Herr Firma!

Tüchtiger Mann, der sehr gut in der Herstellung von Käse bescheid weiß, bietet sich als solcher an.

Mit erwartungsvollen Grüßen

Leopold Gängele

EINGEGANGEN 28. OKT. 1973

X BEANTWORTET 1. NOV. 1973

An die städtische Fürsorge!

Flehendliche Bitte

Mit einem Fuss nage ich schon am Hungertuch, wärend ich für den andern eine Anständige Beckleidung erbitte

Mit wohlwollender Hochachtung

Maria Hüte Fr.

26. Okt. 1937 geprüft

für Ihre Akten

An
Landwirtschaftministerium

Diese Zeit ist total
verückt!
Früher betrieben wir noch
Pferdezucht, heute sollen
wir uns auf das Huhn
legen!

Ein empörter Landwirt:
Hans Hatzner

STIEBER DIVISION
DER BORG-WARNER GMBH
HEIDELBERG, POSTFACH 101360
Folcher 15. Feb. 1971

Bewerbungsschreiben der Carola Maßel

Im Englischen und Französischen besitze ich Anfangsgründe, doch wird im Ausland viel mehr Deutsch gesprochen, als man allgemein annimmt.

Es ist viel
leichter, einen
Menschen
totschlagen,
als ihn wieder
Lebendig zu
machen.

An das Städtische
Gesundheitsamt

30

Ich will meinen Georg niemals nicht impfen lassen. Ich glaube nicht an ihr. Meine Freundin Lotte hat ihr Kind auch impfen gelassen dann fiel es kurz danach zum Fenster raus und war sofort tot.

Und deshalb nicht sagt und schreibt Frau

Olga Schättler

Industriestraße 13

Bitte um Rücksprache bzw.
Stellungnahme
Dr. Hefmeistel
Datum: 12. Dez. 70

Liebes Mitglied!

Zu unserem 25. Stiftungsfest
am 22.9.1955
laden wir Sie recht herzlich ein.

Die Bewirtschaftung liegt in
den allseits bewährten Händen
unseres Mitglieds
Sepp Jungl,
des zweiten Bezwingers der
Matterhorn - Nordwand,
und seiner Ehefrau Maria.

Mit Berg-Heil!

Vorstand

Unser vierter Junge

wurde

das ersehnte Mädchen

Familie Zajkly

Zuerst haten wir
das Matriarchat,
später dann das
Patriarchat und
heute haben wir
das Sekretariat.

Reichsarbeitsdienst
Der Führer der Abteilung 4/286
"Walther von der Vogelweide"

Dienststrafbescheid Nr. 87

Ich bestrafe den Arbeitsmann Egon
Annweiler RAD 4/286 mit

2 Tagen verschärftem Arrest

weil er am 10. März 1939 vom Dienstältesten aufgefordert wurde, sein Benehmen zu ändern. Daraufhin hat er unmittelbar den Dummen gespielt.

Gegen diese Strafe steht dem Bestraften das Recht der Beschwerde zu, die frühestens am nächsten Tage und spätestens am 5. Tage (einschl. Sonn- & Feiertage) nach dienstlicher Bekanntgabe erfolgen muß.

Ebelsbach/Main 25. März 1939
(Ort, Tag, Monat, Jahr)

[illegible]
(Unterschrift)

Oberstfeldmeister u.
(Dienstgrad, Dienststellung)
Abteilungsführer.

An den

Herrn Oberbürgermeister

persönlich

Gestern habe ich bei einem 1. Besuch eines Konzerts des Städt. Orchesters festgestellt, daß z.B. die Geiger nicht immer geigen, sondern sehr oft herumsitzen u. nichts tun. Das muß anders werden, da wir das nicht von unseren Steuergeldern dulden!

Hans Höflinger

Ein pünktlicher Steuerzahler!

Eingangsstempel
26. Sep. 1929

27. S

Herr Hauck!

An der vornehmen Gesinnung
und an der feinen körperlichen
und geistigen Beweglichkeit
erkennt man den gebildeten
Herrn und nicht daran, daß
er alle acht oder vierzehn
Tage das Hemd wechselt.
Das lassen Sie sich
einmal gesagt sein!

Arno Klenker

Hausaufsatz

Der Nutzen des Schafes

Das Schaf erfreut uns auch nach seinem Tode noch durch den lieb= lichen Klang seiner Gedärme.

Unsere Familie

Mein Vater hatte nicht weniger als sieben Geschwister, nur meine Mutter stammt aus einer kinderlosen Familie. Aber seit mein Vater gestorben ist, schlägt meine Mutter uns Kinder redlich durch. Im Neudorf geboren, hat meine Mutter ihre Wiege nie verlassen. Meine Mutter ist eine Dame von der Ferse bis zur Zehe. Wir haben auch einen Hund. Er ist sehr nett. Er frißt alles, besonders liebt er kleine Kinder. Meine Mutter kann gut Hemden nähen. Gestern hat sie aus dem Hinterteil von mir einen Kragen gemacht.

Rinderzuchtverein
»Prächtig«

F e s t p r o g r a m m

10.00 Uhr: Ankunft
der Rinder

11.00 Uhr: Empfang
der Ehrengäste

12.00 Uhr: Gemeinsames
Mittagessen

Der Vorstand

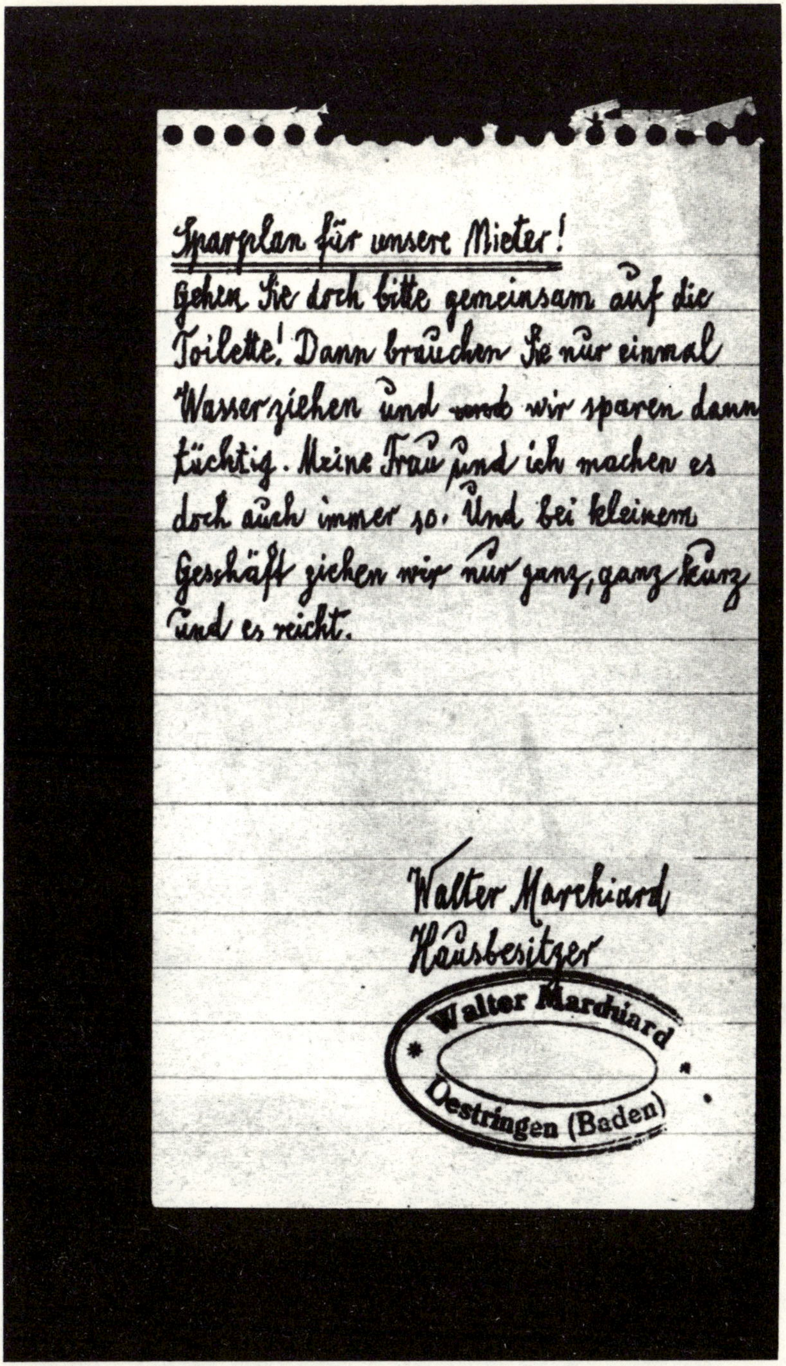

Sparplan für unsere Mieter!

Gehen Sie doch bitte gemeinsam auf die Toilette! Dann brauchen Sie nur einmal Wasserziehen und ~~und~~ wir sparen dann tüchtig. Meine Frau und ich machen es doch auch immer so. Und bei kleinem Gesshäft ziehen wir nur ganz, ganz kurz und es reicht.

Walter Marchiard
Hausbesitzer

Walter Marchiard
Oestringen (Baden)

STÄDTISCHE BÜHNEN HEIDELBERG

Sehr geehrte Frau Manggold!

Ihre Anfrage vom 22. November betreffend:

Die Damen des Theaterchors bekommen niedrigere Gehälter als die hier beschäftigten Herren, weil sie leichter zu haben sind.

Für die Richtigkeit:

i.A.

G. Fischer

Liebe Agnes,

nach langen Tagen des Wartens kam der Entscheid, unsere liebe Tote endlich und unter aller Würde zu bestatten.

Mit traurigen Grüssen,

Deine Adelheid

Wichtiger Hinweis!

In letzter Zeit wurden in anderen Landkreisen in mehreren Fällen Rinder zur Nachtzeit aus Koppeln entwendet. Um derartigen Diebstählen im Landkreis Neustadt vorzubeugen, wird die Bevölkerung, besonders die Landwirte, auf diese Möglichkeit der Entwendung hingewiesen.

Neustadt (Schwarzwald) 29. Sep. 1961

- Kreisverwaltung -

Kreisinspektor

Bestimmt für den öffentlichen Aushang am Schwarzen Brett in der Zeit vom 1.1o.1961 bis 15.1o.1961.

Aushang
vom 1. Okt. 1961
bis 15. Okt. 1961

geprüft:
Kreisverwaltung

Sachbearbeiter

Der Regenwurm

Der Regenwurm
kann nicht
beißen, weil er
nur zwei
Schwänze hat.

Hochwohlgeborenes
Elektrizitätswerk!

Ich möchte Sie nicht darüber im Unklaren lassen, daß ich als zukünftiger Abnehmer Ihres Stromes nur <u>reinen</u> Strom von tadelloser Qualitätsbeschaffenheit zu erhalten wünsche.

Mit vorzüglicher
Hochachtung!

EINGEGANGEN
18. NOV. 1924
[redacted] -753

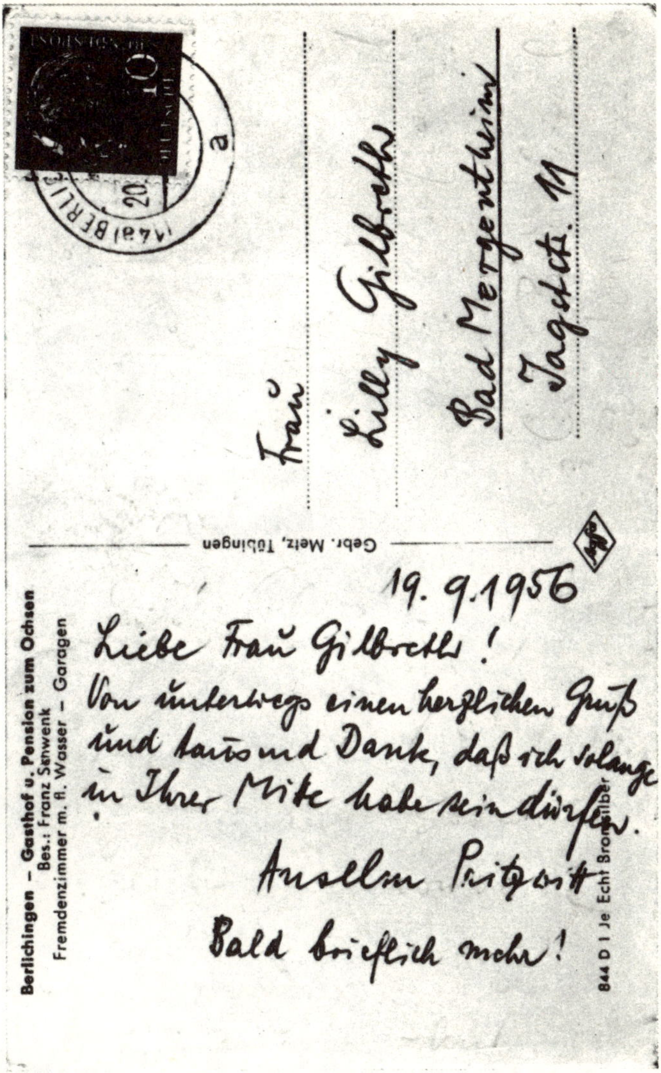

Frau
Lilly Gilbrecht
Bad Mergentheim
Jagstr. 11

Gebr. Metz, Tübingen

Berlichingen – Gasthof u. Pension zum Ochsen
Bes.: Franz Schwenk
Fremdenzimmer m. fl. Wasser – Garagen

19. 9. 1956

Liebe Frau Gilbrecht!
Von unterwegs einen herzlichen Gruß
und tausend Dank, daß ich solange
in Ihrer Mitte habe sein dürfen.

Anselm Pritzwitt

Bald brieflich mehr!

844 D I Je Echt Bromsilber

Betrifft Plan 2 /
Im Sand /
Untere Egerten

An das
Bürgermeisteramt
hier

BÜRGERMEISTERAMT ANGELBRÜCKE
Eingegangen am 2. 1. 1975
Erledigt am ./.

Hier hat die Flur-
bereinigung einen
lebendigen Menschen in
zwei Hälften geschnitten,
die sich diametral
gegenüberstehen.

Werner Bernebach

Hohes Fürsorgeamt!

Ich habe den Rheumatismus und ein Kind von 4 Jahren, was auf Feuchtigkeit zurückzuführen ist. Aber wenn das Amt jetzt nicht eingreift und meinem Mann einen Denkzettel gibt, schreite ich zur Selbsthilfe und setze ihn aus, da die Wohnung trotz ihres feuchten Karakters keinen Trinker ertragen kann.

Maria Theoly
Finkenweg 31

18 SEP 65

SWEG

Darmstadt, 8. Juni 1897

An die Kaiserlichen Verkehrs-
anstalten des Bezirks.

Es ist die Wahrnehmung gemacht worden, daß die Betheiligung der Beamten und Unterbeamten am Radfahrsport sehr groß ist und noch täglich zunimmt.

Sowenig ich gegen eine vernüftige Benutzung des Zweirads seitens der Beamten und Unterbeamten einzuwenden habe, wenn ihnen ihre wirtschaftlichen Verhältnisse eine solche Liebhaberei gestatten, ebenso scharf muß ich es mißbilligen, wenn namentlich unangestellte Beamte und Unterbeamte, welche für ihren Unterhalt lediglich auf ihre Diensteinkommen angewiesen sind, sich zu ihrem Vergnügen Fahrräder anschaffen. Die Betreffenden lassen die Tragweite solch leichtfertigen Handelns offenbar ganz außer Acht. Da sie in der Regel nicht in der Lage sind, das gekaufte Rad sofort zu bezahlen, so entstehen ihnen durch die nicht geringen monatlichen Theilzahlungen

mitunter recht erhebliche Schwierig-
keiten. Mit den Anschaffungskosten
allein ist es auch nicht gethan, die In-
standhaltung des Rades, kleine Un-
fälle u.s.w. verursachen weitere Aus-
gaben. Dazu tritt womöglich die
Neigung, im Sportanzuge zu fahren,
Radfahrvereinigungen sich anzu-
schließen und dgl., was ebenfalls zu
nicht unerheblichen Ausgaben nöthigt.
Daß derartige Ausgaben die wirth-
schaftliche Zerrüttung unbemittelter
Beamter pp. zur Folge haben müssen,
liegt klar auf der Hand.

Aus dieser Erwägung richte ich an die
Herren Vorsteher der Kaiserlichen Verkehrs-
anstalten die dringende Mahnung, das
oben Gesagte g.F. selbst zu beachten, wie auch
den nachgeordneten Beamten von der Be-
schaffung von Fahrrädern nachdrücklich ab-
zurathen, wenn ihnen die Mittel hierzu
nicht offenkundig zu Gebot stehen.

Beamte pp., welche sich Fahrräder be-
schaffen, haben falls sie später in Noth ge-
raten, auf Unterstützung seitens der Ver-
waltung in keinem Falle zu rechnen.

Der Kaiserliche Oberpostdirektor,
Geheime Ober-Postrath

[Unterschrift]

An Deutscher Ring
2 Hamburg 11
Postfach 11 20 40
Abtlg. Kfz / Schadensregulierung
Sehr geehrte Herren!
An dem Unfall am 18.3.1972
kann ich deshalb keine
Schuld haben, weil meine
Großmutter im Wagen
saß, die immer gut auf
mich aufpasst und mir
auch diesmal mit dem
Regenschirm über den
Kopf haute, als das
Auto die Kreuzung noch
garnicht erreicht hatte.
Mit freundlicher
Hochachtung
Otto Mette

DEUTSCHER RING
4. DEZ. 1974
...RING
...EZ. 1974

Beschwerde an die Polizeibehörde

Meine 3 Geschwister sind alle völlig ehrlich und unverhaftet aus dem Leben geschieden, was ich auch bis zum vergangenen Montag mit Stolz von mir behaupten konnte.

Oskar Kalisch
Augsburg
Hausierer

Sehr geehrter Herr
Rechtsanwalt!

Wénn jemand dem Zeugen
den Floh in's Ohr setzt,
wird sofort ein Elefant
daraus, und dieser wird
dann auch noch öffentlich
breitgetreten.

Mit wütendem Gruß

Hellstadt, den 17. Okt. 1951

Beschl.

Zu den Akten.

HAUSMITTEILUNGEN

von VB West

(Betriebsstelle)

an HN

Betriebsstelle

Betr.: Unter den hiesigen Arbeitern von VB West befinden sich keine Wöchnerinnen.

Linke

Eingang VB West
27. NOV. 1974
Weitergeleitet an HN
B. am 28.11.
Erledigt durch VB West
am 29.11.1974

Heil Hitler

Hausmitteilung die jeweils vom Verfasser unterzeichnet wird.

Firma
Masefich
6 Frankfurt/Main
Postfach 112260

Eingegangen
23. JAN. 1973
Erledigt: Fch.

8. Nov. 1972

Sehr geehrte Herren!

Bei dem von Ihnen gelieferten Fertighaus Marke „Masefich" (zum Selbstbauen) habe ich Schwierigkeiten. Immer ~~[illegible]~~ wenn ich vor die Haustüre trete, stehe ich auf dem Dach.

Erbitte Ihren Bezirksvertreter!

Hochachtungsvoll
J. Jamber

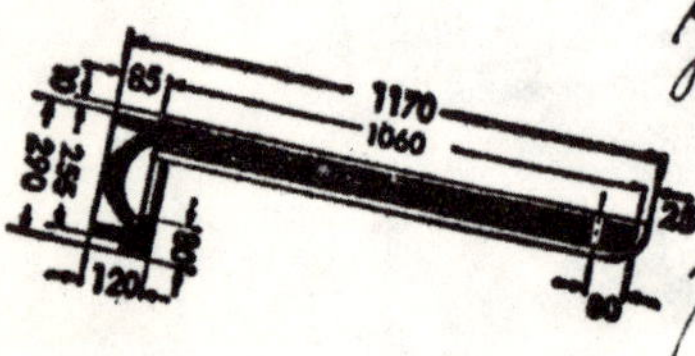

HD-Schriesheim
Karolingerweg 10

Deutscharbeit Nr. 4

In der Regel trugen die Germanen rote Bärte,

An die
Herren Offiziere
des Regiments!

Zu dem am 21. März 1937
stattfindenden Ausflug
mit Damen können auch
die Herren Offiziershunde
mitgebracht werden.

Im Auftrag:
Lange
Obergefreiter

Meldung und Beschwerde

Viele Frauen und Kinder müssen täglich durch die großen Dreckpfützen laufen, um von dem dort liegenden Milchhändler Ernst Haakh die Milch zu holen

Göttingen

Allerseelengedanken

Die Toten wissen es
auch jenseits, wer sich
zuletzt um sie gekümmert
hat. Und das vergessen
sie ihm ihrer Lebtag nicht.

Rabro

DEUTSCHER RING
4. DEZ. 1974

In die Ablage

An Deutscher Ring
2 Hamburg
Postfach 11 2o 4o

Betrifft: Kfz (Schadensreg.)

Sehr geehrte Herren!

Ich mußte die Fußgängerin notgedrungen streifen, weil sie vor mir auf der Straße erschienen war, wo sie garnicht hingehörte. An dem Unfall bin ich völlig schuldlos. Der Hund meines Nachbarn ist Zeuge. Er heißt Cäsar. Der Unfall kam nur deshalb zustande, weil ich mir von der Dame ein falsches Bild gemacht hatte: die von mir gestreifte Person ist nur eine Prostituierte, so daß höchstens Sachschaden in Frage kommt.

Mit vorzüglicher Hochachtung!

G429R

<u>Ein tolles Erlebnis</u>

Aufsatz Nr. 2

Ich ~~[illegible]~~ fiel mit meinem Fahrrad in ein Loch und schlug mir dabei ein zweites in die Stirn.

Die Wissenschaft

Die Wissenschaft er-
klärt nur ihre geisti-
gen Dinge.
Sie befaßt sich nur
mit dem reinen Wissen.
Der Verstand wird
dabei völlig aus-
geschaltet.

Vor dem Frühstück
soll man nicht
arbeiten, wenn man
aber mal vor dem
Frühstück arbeiten
muß, soll man
wenigstens vorher
etwas essen.

Mozart

Mozart ist schwärm-
erisch verarmt und
zu seinen Lebzeiten
blieben ihm viele
Erfolge erspart.

Lieber Weihnachtsmann!

Was ich mir wünsche.

Ich und meine Eltern gehen schon 10 Jahre mit dem Regenschirm auf dem Abort und ich wünsche mir daher ein Spülklosett.

Aufsatz

Man sieht es den
Menschen oft noch
im hohen Alter an,
daß sie einmal
jung waren.

Nacherzahlung

Der Bauer zahlte
seine zahlreiche
Familie und
stellte dann
fest, daß keines
seiner Kinder
fehlte. Dies gab ihm
einen Trost. und
er fing von.
neuem an.

2. Geographiearbeit der OII a

Wieviele Inseln liegen im Indischen Ozean und wie heißen sie?

Im Indischen Ozean liegen sehr viele Inseln und ich heiße Krämer,

Aufsatz

Antipoden gibt es nicht. Infolgedessen kann es auch keine geben.

Die Pilze

Pilze wachsen immer an
feuchten Plätzen und darum
haben sie auch immer
das Aussehen von Regen-
schirmen.

Den Ärzten von heute
kommt es bei ihren
Patienten auf ein paar
Beine oder Arme mehr
oder weniger nicht mehr an.

Liebe Freundin!

In dem Bewußtsein,
nun auf eigenen Füßen
stehen zu müssen,
lege ich mich nun
nieder.

Bald mehr.

Dein

Will

Sehr geehrter
Herr Dongs!

Greifen Sie
sich doch
einmal
nachdenklich
und aufrichtig
an den Kopf,
und Sie werden
gleich
sehen, wo
Sie der
Schuh drückt.

Mit vorzüglicher
Hochachtung!

Jörg Puig

7

8 Sehr geerter Frollein

9 Lehrerin!

10 Meine Tochter Klara

11 kommt immer jewasch-

12 en in Schule !! Aber

13 wat ich so energisch

14 sagen will: se sollen

15 ihr nich rieschen se

16 sollen ihr lernen

17 Famile Schwarz

18

19

20 Mi. 4. 9.

Sehr geehrter Herr
Hausbesitzer!

Nach zweimonatiger Warte-
zeit haben wir immer noch
keinen Keller und keine
Badewanne, womit man
uns den Mund wäßrig
gemacht hat

Hochachtungsvoll

Jammi Weidig

Wehrtes Amtsgericht!

Von Vorstrafen kann in meinem Fall keine Rede sein, weil meine damaligen Verurteilungen wegen Betrugs auf Irrtümer seitens des Gerichts zurückzuführen sind. Ich habe deshalb auch jedesmal Berufung dagegen erhoben, aber als geborener Pechvogel hatte ich damit ebensowenig Glück wie mit ehrlicher Arbeit, bei der man es heutzutage beim besten Willen zu nichts mehr bringen kann, was den Herren vom Gericht ja aus eigener Erfahrung bekannt ist.

Dies unterschreibt eigenhändig:

Martin Groh

Sehr geehrtes Gericht!

Ich streite garnicht ab und schreibe blos die Wahrheit! Ich gebe auch zu, dass ich 3 mal vor=bestraft bin, und nicht immer ganz ehrlich ge=handelt habe. Aber den Dieb=stahl am 5. Mai streite ich ab. Sonst bin ich gerne jederzeit ge=ständig. –

AMTSGERICHT

Eingeg…

Erledigt a…

Mit hochachtungsvollen Grüßen:

Mathias Orgner.

1.159 Verkehrstote sprechen eine beredte Sprache!

Die Wirtschaft.

Hierbei darf nicht unerwähnt bleiben, daß nicht Amerika, wie man allgemein annimmt, sondern England das Land der großen europäischen Vermögen ist.

Für die Arbeitslosen
Im alten Rom gab
es nur zwei Möglichkeiten:
penis et circenses

Lieber Freund!
Unser Fußballklub
ist in dieser Spiel-
Zeit die seltsamste
Brauerei:
er hat überall
Niederlagen, aber
nur 11 Flaschen!
Ohne mehr für
heute!
Dein Freund
Wolfgang

Am Aschermittwoch und Freitag darf man Kein Fleisch essen außer einen Schwer kranken.

Sehr geehrte Fabrik!

Ich habe eine Packung
Ihrer Weihnachtskerzen
im Sonderverkauf er-
standen mit der Auf-
schrift „fehlerhaft"
Das war aber eine Unter-
treibung. Sie hatten ja
überhaupt keine
Dochte!!

Dies teilt Ihnen mit
Frederike Wenz
Bruchhausen
Im Anger 1

KF ba 75
Datum 29.1.

Wie kann man denn
wissen, ob man satt
ist, wenn man kein
Leibweh hat?

Flehentliche Eingabe

Am 17. November 1924 hat die Welt mein Licht erblickt. Meine Jugend verlief völlig erschütterungsfrei. Ich habe mich auch immer mit voller Kraft dafür eingesetzt, daß der Bevölkerungszuwachs nach Möglichkeit gefördert wird. Nun aber weiß ich nicht mehr, wohin mit meinen 6 Köpfen, und bitte um eine größere Wohnung.

Paul Willmann

Z | Vo... | B
L | ...ch - TAD/ V
29. JAN. 1975
X z. d. A.

Für Hanna:

Durch Zufall lern"
ten wir uns kennen,
Doch leider nur für
kurze Zeit,
Bald mußten wir uns
wieder trennen.
Leb'wohl, leb'wohl
in Ewigkeit!

Dies schrieb Dir zur
Erinnerung Deine
Dich liebende
Mutter

Mitgeschrieben in einem Kolleg von Professor Krämer:

Bitte stellen Sie sich eine gläserne Kugel vor – d.h. sie braucht nicht unbedingt aus Glas zu sein, und es braucht auch keine Kugel zu sein.

Leserzuschrift:

Ein Vorschlag zur Verkehrsstauung

Die Stauungen zu den Hauptverkehrszeiten wären mit einem Schlag behoben, wenn alle Verkehrsteilnehmer sich entschließen könnten, eine Viertelstunde später zu fahren.

nicht veröffentlichen!! Kl.

~~Nach Korrektur drucken~~

RHEIN-NECKAR ZEITUNG
Heidelberg, Hauptstrasse 23

Nehmen wir einmal den ganz gewöhnlichen Fall, daß die Ehefrau ihren Liebhaber bittet, den Ehemann zu töten, mit dem Versprechen ihn dann zu heiraten.

Halb
besoffen
ist
raus-
geschmissenes
Geld!

P.P.

Ich am Fuße dieses Schreibens
ergebenst Unterzeichnete wollte
recht herzlich bitten, mir aus
meiner schlechten Kleidung
herauszuhelfen. Desgleichen
Kann ich mit den 2 Kindern
nicht einmal auf die Straße
gehen um Gesundheit zu
schöpfen.

Amanda Weber

Z.d.A.
27 SEP 1972
B... Bö.

Erledigt

Antreten zur Schlußübung
Um vollzähliges Erscheinen wird gebeten
Hauptmann Apfel.

Kartoffeln
zentnerweise zum Tagespreis.
Hack, Brückenkopfstraße 19.

Bekanntmachung.

Die Unterzeichneten nehmen die über den Polizei-Wachtmeister **Richard Roscher** verbreiteten verleumderischen Aussagen als unwahr mit dem Ausdruck des Bedauerns zurück und zahlen als Buße je 400 Mark an die Armenkasse hier.

Heidelberg, den 20. September 1920.

Frau Barbara Schön, geb. Schöpflin
Franz Weber, Res.-Lokomotiv-Führer
nebst Frau, geb. Johanna Löffler.

An den
Parteivorstand

COPIE

Naehdem ich gegen den Antrag Qu/12 a geschrieben und damit den Zweck seiner Wiederaufnahme erfüllt habe, ziehe ich ihn meinerseits nun auch wieder zurück.

W.

A. Weinmüller
Abgeordneter

VS-VERTRAULICH

Sehr geehrtes Heirats-
institut!
Ich, ein älterer Geschäfts-
mann, suche ruhige
Frau bis 65 Jahre, evtl.
auch vom Lande, für
den letzten Lebensabend.
Möchte mich gerne ganz hin-
verströmen, aber nicht mehr
im Beruf, sondern in einer
Ehe. Vielleicht haben Sie
eine passende Frau, die
meinem einsamen Le=
ben ein Ende macht.
Mit großer Hochachtung!
Egon Schmidth

EINGEGANGEN
20. FEB 1975
Erl.

F 14

KAUFHAUS

Ein

seit
4 Generationen

Eingegan… am 27…
Erledigt am

Weinheim, 26.2.75

Sehr geehrte Herren!

Nachfolgende Bestellung erbitten
wir zur umgehenden Lieferung:

2 Dutzend Hemden, A4, weiß
2 Dutzend Hemden, E5, weiß/blau

Hochachtungsvoll

Soeben teilt mir meine Frau Maria
mit, daß wir mit den oben be-
stellten Hemden noch reichlich
eingedeckt sind. Sie wollen die
Hemden daher bitte n i c h t
senden!

D. O.

Antrag
Da ich noch mehrere heiratslustige Geschwister habe, bin ich nicht im Stande, mit meiner Frau zusammen zu schlafen. Wir sind gezwungen, um unseren ehelichen Pflichten nachzukommen, in den Wald zu gehen. Jetzt ist es zu Kalt.

Siegfried Wa[illegible]

[illegible]

Sachlich richtig und festgestellt

PALASTHOTEL DREI MOHREN

Sehr geehrte Frau Schurig,

wir geben Ihnen jetzt schon
das feste Versprechen, Ihren
Aufenthalt in unserem Hause
zu einem freudigen Ereignis
zu gestalten.

Mit vorzüglicher Hochachtung!

Hoteldirektion

Sehr geehrter Herr Direktor!

Das eine lassen Sie sich gesagt sein:
Auch ein kleiner Angestellter kann 1,92 Meter groß sein.

Hochachtungsvoll

Bauer

*Auszug aus dem Protokoll
über die Sitzung der
Stadtverordneten am 19. März 1926*

*Im letzten Jahrgang werden
alle Kinder planmäßig
untersucht und zahnärztlich
behandelt, damit die
schulentlassenen Kinder
auf gesunden Zähnen in's
Leben treten.*

Für die Richtigkeit

Strudel

Absender

Sofie Wagner

754 Neuenbürg

Postleitzahl

Marxenäckerweg 8

soweit ganz gut.
wenn wir 3 Raten
auf die Waschmaschine,
und eine auf den
Kühlschrank aus-
lassen, dann reicht
es für die Anzahlung
auf den Fernseh-
apparat. Bald mehr
von Deiner Sofie

JEDERZEIT SICHERHEIT

DEUTSCHE BUNDESPOST

POSTKARTE

Herrn

Emil Waas

6900 Heidelberg 1

Postleitzahl

Wieblinger Weg 31

VERBAND DEUTSCHER BIENENZÜCHTER e.V.
KÖLN
MANGGARTENSTRASSE 23

Köln, 2. April 195o

<u>Rundschreiben</u>
an alle ehemaligen Vereins-
mitglieder

Auf der ersten Verbandstagung, März 195o, wurde beschlossen, die Sterbehilfe wieder aufleben zu lassen.

E. Heinrich
1. Vorsitzender

Kurzmitteilung

Beigefügte Anlage/n übersenden wir Ihnen zur

- ◯ Erledigung
- ◯ Stellungnahme
- ◯ Kenntnisnahme
- ☒ zum Verbleib
- ◯ Prüfung
- ◯ Rückgabe bis ______

Achtung! Wichtig!

Der Posten 195 des Haushalts-
planes 1952 im Landkreis
N e u s t a d t / L.
erhält

DM 15o,--

als Prämie für Obstbaum-
frevel und 2 Diebstähle.

Deulig

Deulig

KA 25. Okt. 1951
27 012

Ein Erlebnis

Am Sonntag war ich mit meinem Vater zum ersten Male in Augsburg. Wir kamen an einer großen Kirche vorbei, und ich fragte ihn: „Was ist das für eine Kirche?" Mein Vater sagte: „Ich weiß es nicht!" Dann kamen wir an einem hohen Turm vorbei, und ich fragte wieder: „Was ist das für ein Turm?" Mein Vater sagte: „Ich weiß es nicht!" An einem sehr großen Haus vorbeikommend, fragte ich wieder. Mein Vater wußte es nicht. Später blieb er stehen, stellte sich vor mich hin und sagte ernst: „Bub, frag mich immer tüchtig, damit du was lernst."

Dienststrafbescheid!
====================

Der Reiter

Emil K Ä P S E L E

wird mit
2 Tagen verschärftem Arrest

bestraft, weil er bei der letzten Übung, einen Gefechtswagen darstellend, derart über einen Graben gesprungen ist, daß im Ernstfall die Deichsel gebrochen wäre.

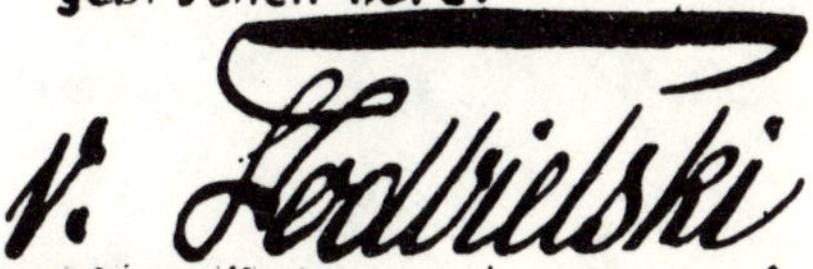

Rittmeister und
Schwadronschef

27.11.1912

An das Heidelberger
Tageblatt
Leserzuschrift:
Der Vorfall am 12.12.
1956 weist wieder auf
die ständig schwärende
Eiterbeule des ungeschütz-
ten Bahnübergangs hin.
Eine empörte Leserin.

EINGEGANGEN
1 . Dez. 1956
Erl. 14.12.56

Atmen ist sehr gesund!

Verloren:

Ein Pfandbrief, in nichts eingewickelt, sowie ein schwarzer Schirm. Wer beides Sandwingerd 7 abgiebt, erhält täglich von 9 bis 10 Uhr eine Belohnung!

Pfans

Lieber Sportsfreund

Der Klubabend am
Freitag den 7. März,
entfällt.
Gäste herzlich
willkommen!

Die Vereinsleitung

i. A. Spor

Allerwerteste Filmgesellschaft!

Es ständen Ihnen, wenn Sie beiliegendes Filmmanuskript durchgelesen haben, eine wertvolle Filmsache zur Verfügung. Der Inhalt ist im Tonfilm bisher nicht dagewesen:

ein Drittel graue Vergangenheit,
ein Drittel Gegenwart und
ein Drittel Liebe!

In der Hoffnung, bald von Ihnen zu hören, bin ich mit ergebenen Grüßen

M. O. Dühl

Martin Otto Dühl
Walldorf
Östringer Straße 12a

1 Anlage: Filmmanuskript
"In Rosen geküßt"

Meldung

Die Hilfsarbeiterin

Anneliese A d e n

aus Mingolsheim
warf sich am 11. Oktober
197o um 12 Uhr 24 Minuten
vor die Lokomotive E 6o4.
Als Motiv der Tat wird
Selbstmord angenommen.

Deutsche Bundesbahn
Fahrkartenausgabe Mingolsheim - Kronau
7525 Bad Mingolsheim
Bahnhofstraße 2
Tel.: (07253 ~~2 209~~ 4209

Verlag der Reform

BUCHVERLAG

Sehr geehrter Herr BÖNG!

Wir können Ihnen die für Sie sicher sehr erfreuliche Nachricht machen, daß wir Ihr eingereichtes Manuskript in Kürze als Taschenbuch veröffentlichen wollen.
Zur Vermeidung von Mißverständnissen müssen wir Sie jedoch bitten, einen anderen Titel als "Der Urinstinkt" zu wählen.

Mit freundlichen Grüßen

Mayer

Hans Mayer

ichtiger Hinweis!

Die Bevölkerung wird
darauf hingewiesen, daß
alle Meldungen, die bei
der Polizei eingehen,
kostenlos behandelt werden.
Unterstützung bei
Einbrüchen oder sonstige
Hilfeleistungen durch
die Kriminalpolizei
sind ebenfalls kostenlos!

Polizeiwachtmeister

Zum Anschlag
am Schwarzen Brett

Bonn, 29.1.1975

Sehr geehrte Herren,

in der Anlage erhalten Sie
"Bundesgesetzblatt"
Teil I, Z 1997 A,
ausgegeben zu Bonn am 25. Januar 1975,
Nummer 9,
dem Sie bitte auf Seite 298
entnehmen wollen:
Verordnung zur Änderung der
Zweiten Verordnung zur vorüber-
gehenden Änderung der Verordnung
über die Beförderung gefährlicher
Güter auf dem Rhein.
95o2-13-2-2, 95o2-13-2

Mit vorzüglicher Hochachtung

Amtmann

An die
Leserbrief-Redaktio
der Rhein-Zeitung

54 **Koblenz**
Postfach 1540

An die
Leserb
der Rhein

54 Koblenz
Postfach 1540

In Koblenz fuhr am Mittwochabend ein sogenannter kalter Schlag in einen Akazienbaum des Amtsgartens und sprang schließlich auf einen in der anliegenden Straße stehenden Wagen des Bierverlegers Wolfgang Hennig über, diesen am Hinterteil zersplitternd.

Mit freundlichen Grüßen !

E. Gehlen

Ein treuer Leser

(Tagesstempel)

Z/G ... DATUM

Kassel 578

1076... G

Polizeibericht

Die Zahl von 25 bekanntgewordenen Sittlichkeitsdelikten ist wenig erfreulich, wird aber abgeschwächt durch die Arbeit der Polizei, die 27 Sittlichkeitsdelikte, also 1o8 Prozent der bekanntgewordenen Fälle, aufzuklären vermochte.

Je älter der
Mensch wird,
umso goldener
werden seine
Zahne.

Ohne Beglei[illegible]hreiben
an
Zu
Sammler
v. Dir 5/339.84
v. 21 Mai 72
Heidelberg.

Montag, 21. Mai

Die Tagesordnung umfaßt
Beleidigungen, Verletzungen
der Unterhaltspflicht,
Diebstähle und andere
belanglose Angelegenheiten.

Zum Aushang
am Schwarzen Brett

Eilt sehr!

An das
Gymnasium
St. Raphael

In Kürze erhalten Sie ein Rundschreiben, das den Tag des Schuljahrbeginns bekanntgibt, der endgültig auf den 22. September 196o festgelegt worden ist.

Die Schulbehörde

i.A.

Weitere Bearbeitung durch:

Klein

Das Schwein

Beim Schwein kann
man von vorn bis
hinten alles ver=
wenden.
Sogar sein Namen
kann man noch
als Schimpfwort
gebräuchen.

Der Aufstieg

Ein Luftschiffer stieg am
Dienstag in Braunsberg,
mit seinem Trapez an
seinem Ballon hängend,
in die sommerlichen
Lüfte - Tausende von
Menschen ~~folgten~~
folgten seinem Bei-
spiel.

Sehr geehrte Herren,

ich porträtiere in Öl oder Aquarelle nicht nur einzelne Personen, sondern auch ganze Familien. Auch tote Personen nach dem Leben.

Halte mich deshalb höflich empfohlen

Ihr

Georg Canaletz

Liebe Helma!

Der Doktor sagte zu mir
nach der Untersuchung,
mein Karl leidet an
Säuferwahn. Aber
der Doktor liegt ganz
schief: denn das ist
kein Wahn, er säuft
wirklich!

Es grüßt Dich

Deine Friederike

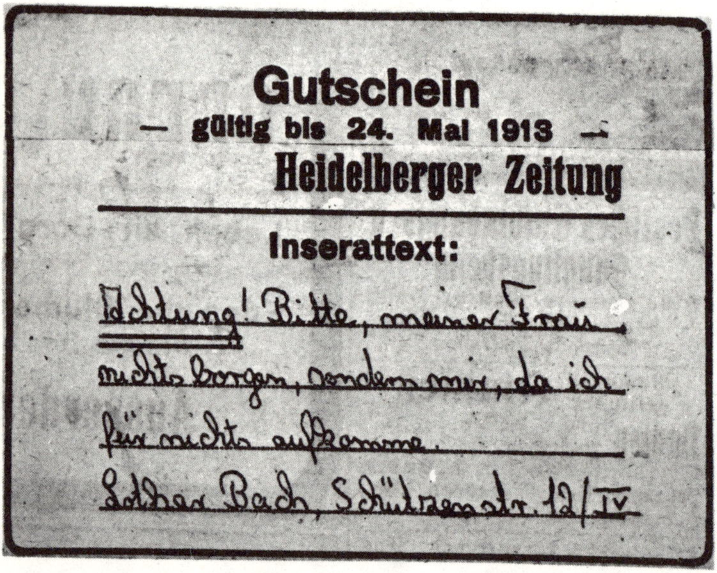

Gutschein

— gültig bis 24. Mai 1913 —

Heidelberger Zeitung

Inserattext:

Achtung! Bitte, meiner Frau nichts borgen, sondern mir, da ich für nichts aufkomme.

Lothar Bach, Schützenstr. 12/IV

Aktennotiz

elefongespr. ./.

Datum: 23.3.55

Uhrzeit: 16³⁰

Bemerkungen: Der junge Mann, Xaver Möggsl, der hinter dem Steuer des Borgward saß, kam mir sehr jung vor, weshalb ich ihn nach seinem Führerschein fragte. Da sagte er zu mir: „Wieso, den bekommt man doch erst mit achtzehn Jahren?"

Fritz Fehtz
Polizeiwachtmeister
2. Revier

Meldung beiliegend

Druck und Verlag: GRULA · 5953 Heggen (Sauerl) Bestell-Nr.

Emil Waas

Emil Waas, 69 Heidelberg 1
Wieblinger Weg 31
Telefon (06221) 83287

ges...
(auch Rentner).
Zu erfragen Tel. 07261/2395

Auto sucht Schreibkraft

in Heimarbeit. Elektr. IBM-Kugelkopfschreibmaschine wird zur Verfügung gestellt. Manuskripte sind auf Tonbandgerät gesprochen.

Bezahlung nach Vereinbarung.
Off. unt. 17 080 an RNZ

Tüchtiger selbst.
Heizungs-monteur

An die
Rhein-Neckar-Zeitung
Anzeigenabteilung

69 Heidelberg 1
Hauptstraße

RHEIN-NECKAR-ZEITUNG
69 Heidelberg
Neugasse 2, Postfach 1450
Telefon 06221/27061

22. April 1975

21.4.1975

Sehr geehrte Herren,

in der von mir am 17.4.1975 aufgegebenen Anzeige, die am 19.4.1975 erschienen ist, sollte ein "Autor" eine Schreibkraft suchen. Jetzt sucht da ein "Auto" eine Schreibkraft!
Bitte wiederholen Sie die Anzeige am 26.4.1975 mit dem "r" hinter dem Auto.

Mit freundlichen Grüßen

Emil Waas

An den Chef der
3. Kompagnie!

Ich habe mich drei Jahre
zu den Soldaten ver=
pflichtet. Jetzt werde
ich Vater, Kann ich das
noch rückgänig
machen?

Lothar Walzel
Gefreiter
3. Kompagnie

Eingegangen am 8.4.62
Erledigt am ./.
weitergeleitet
an III/V A

Sehr geehrter Herr Dussel!

Nach Rücksprache mit meiner Frau wollen Sie bitte in den bereits ausgesuchten Grabstein folgendes einmeißeln:

Hier ruht unser Sohn
Alfons Rau
1901–1940
Sanft ruhe seine Asche,
welche zu großen
Hoffnungen berechtigte.

Mit freundlichen
Grüßen
Oskar Rau

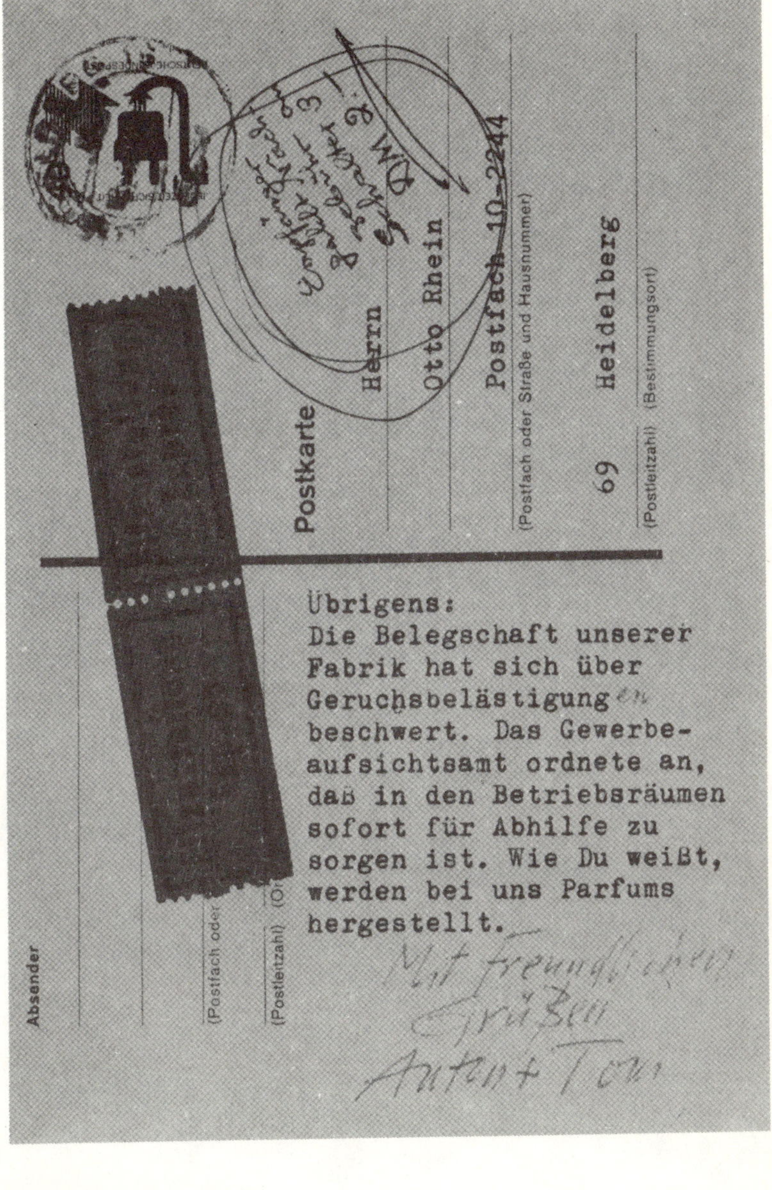
Absender
(Postfach oder
(Postleitzahl) (Or

Postkarte
Herrn
Otto Rhein
Postfach 10 2244
(Postfach oder Straße und Hausnummer)
69 Heidelberg
(Postleitzahl) (Bestimmungsort)

Übrigens:
Die Belegschaft unserer Fabrik hat sich über Geruchsbelästigungen beschwert. Das Gewerbeaufsichtsamt ordnete an, daß in den Betriebsräumen sofort für Abhilfe zu sorgen ist. Wie Du weißt, werden bei uns Parfums hergestellt.

Mit freundlichen Grüßen
Anton Tom

Ich war so aufgeregt, als ich den
Herrn Angeklagten und seine
Gattin plötzlich nackt in den
Wiesen am Fluß spazieren-
gehen sah, daß ich garnicht
auf die Idee kam, ich könnte
im diskret geduldeten Nackt-
luftbad des Freikörperkultur-
bundes stehen und verlangte
sofort die Vorzeigung der
Kennkarten, was die Beiden
nicht vermochten.

Paul Birkenfeld,
Polizist

27. Juli 1951

Blatt 2

- Fortsetzung des
Berichtes von
Seite 1 -

und so forderte zum Schluß seiner Rede Herr Landrat Tütell am 12.10.1949, daß es jetzt an der Zeit wäre, Goethe wieder lebendig werden zu lassen.

Nach Durchsicht
bitte abzeichnen
und weiterleiten

13. Okt. 1949

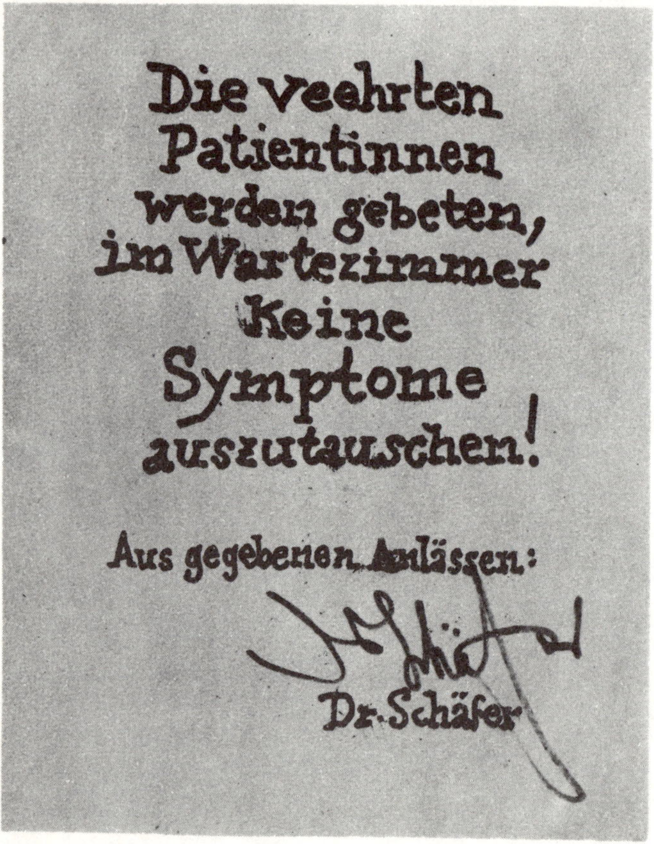
Die veehrten
Patientinnen
werden gebeten,
im Wartezimmer
Keine
Symptome
auszutauschen!
Aus gegebenen Anlässen:
Dr. Schäfer

Alerwichtikst!

Alerwertestes Firsorgeahmt!!

Meine Ůnterstitzung reicht nicht aůs weil ich mit meinem einem Bein eine fünfköbfige Familie ernehren můs.
Dem mus abgeholfen werden!
Bite lasen Sie es mich umgehent wisen fals Sie dieses Schreiben nicht erhalten haben.

Mit hofnungsvolen Krisen!

L. S. Adams, 60%
Sechshäuserweg 2/III.

Geprüft
Möoyd
- Revision -
Im Auftrag

HAUS

Lärchenhof

Neustadt

Neustadt, 27.11.1950

Werter Gerichtshof!

Es ist richtig, daß der
R e i c h e r t, Willy
mal geschnappt wird!
Denn wenn aus einem jungen
Menschen, wie es Reichert
ist, überhaupt einmal etwas
werden soll, dann muß er im
Keime erstickt werden!

Mit vorzüglicher Hochachtung!

G. Schütte

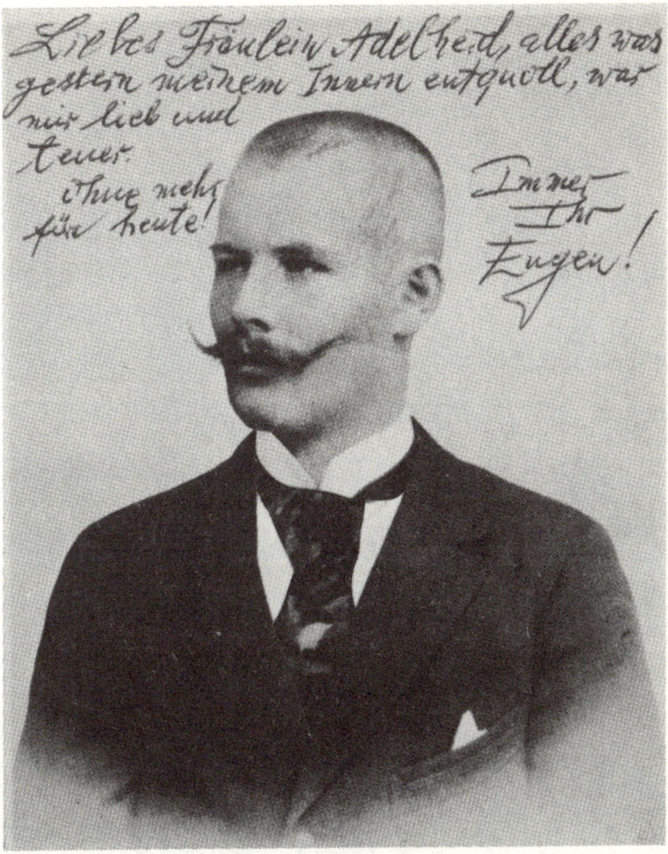
Liebes Fräulein Adelheid, alles was
gestern meinem Innern entquoll, war
mir lieb und
teuer.
Ohne mehr
für heute!
Immer
Ihr
Eugen!

Lieber Heinz!

Die Auflösung der Verlobung mit Maria kam ganz von selbst. Sie erzählte mir, was sie sich zum Geburtstag wünsche, und ich erzählte, was ich im Monat verdiene.

Bald mehr
von Deinem Karl

Liebes Amt!

Ich bin Familienfater fon 5 Kindern. Das älteste ist 10 Jahre alt. Meine Wirtschaft muß ich mit einer Magd bearbeiten welche 30 Morgen groß ist. Einen Knecht trägt dieselbe nicht. Ich bitte um weitere Bearbeitung.

Ignaz Lotzel

In der Aue 3

Duplikat

25

<u>Protokoll</u>

Ich gebe hiermit zu Protokoll, daß die zwei Schutzleute meinen Freund Hans gepackt hatten. Ich stand da, in der einen Hand meinen Koffer, mit der anderen sagte ich zu meinem Freund: "~~Hmmmm~~ Hans, du gehst zu mir!"

Werner Bennebach

Werner Bennebach

Vorgelesen, genehmigt und unterschrieben: 24. April 1956

Achtung Schule!
Überfahrt die
Kinder nicht!
Wartet bis der
Lehrer Kommt!

Beim Besuch des Regierungsgebäu=
des in Mainz durften wir auch
in das Arbeitszimmer des Min=
isterpräsidenten schauen. Da
hängt ein Landschaftsbild, das
so menschlich ist, daß selbst
die Kühe darin nicht fehlen.

Sehr geehrter Herr Rinser!
Ich nehme die Beleidigung
gegen Sie im betrunkenen
Zustand mit Reue zurück.

Mit Hochachtung
Gerhard Balle

Freiburg, 12.2.1974

Liebe Agnes!

Heute war erster Streik-
tag. Die öffentlichen Ver-
kehrsmittel fuhren nicht,
dadurch gab es bei uns
einigen Ärger. Die Ver-
kehrs-AG hatte 40.000
Mark Verlust. Auch der
Müll in unseren west-
lichen Stadtteilen blieb lie-
gen. Die Bevölkerung
ging schlechtgelaunt darü-
ber hinweg.

Paul geht es gut. Ich soll
dich von ihm herzlich grüßen.
Sei auch gegrüßt
von deiner Tante Olga

Unser Heimatdorf.

Außer der Hauptstraße,
welche das Rathaus, die
Apotheke sowie die Gast-
höfe zum Adler, Ochsen
und Lamm enthält,
gibt es noch zwei Ab-
wege, von denen der
eine zur katholischen,
der andere zur evan-
gelischen Kirche führt.

Das mit den
Bienen und
Blüten verstehe
ich nicht. Wer
wird denn
dabei
schwanger?

den Fußgängerüberweg über die Friedrichstrasse – (zur Gewerbeschule II hin) beibehielt, trampeln irgendwelche Fußgänger immer noch über den gesperrten Mittelstreifen. Vielleicht ist das nicht nur Gewohnheit, sondern die Faulheit, zwanzig Meter Umweg zu machen, um einen ordnungsgemäß gesicherten Zebrastreifen zu benützen. Immerhin können sich solche Fußgänger ins eigene Fleisch schneiden, dann nämlich, wenn sie eines Tages angefahren werden.

Mit herzlichen Grüßen
von Deiner Margarete

Lieber Wolfgang!

Gestern habe ich mich im Bastelkeller in die linke Hand geschnitten. Maria hat den Doktor angerufen und bis er kam hat sie mir mehrfach die Wunde mit Benzin ausgewaschen. Dann ging ich auf die Toilette und habe mir – schon behaglich sitzend – eine Zigarette angesteckt und das brennende Streichholz hinter mich in die Kloschüssel geworfen. Aber Maria hatte vorher dahinein die benzingetränkte Watte geschmissen. Eine gewaltige Stichflamme schoß deshalb hoch, Porzellansplitter flogen umher und verletzten mir einige wichtige Körperteile. Der Doktor mußte wieder her, aber nach der Besichtigung meiner lädierten Körperteile veranlasste er, dass man mich ins Krankenhaus

schaffte.
Die Sanitäter kamen und luden mich auf die Tragbahre. Dabei erzählte ich ihnen, wie es zu meinen Verletzungen kam. Die beiden lachten schallend und da sie mich gerade die Treppe hinunter trugen, ließ der Hintermann den Griff los. Ich kippte von der Bahre und flog die Treppe hinunter, mir dabei auch noch den linken Arm brechend.

Herzliche Grüße an Dich
und Margarete
von Otto und Maria

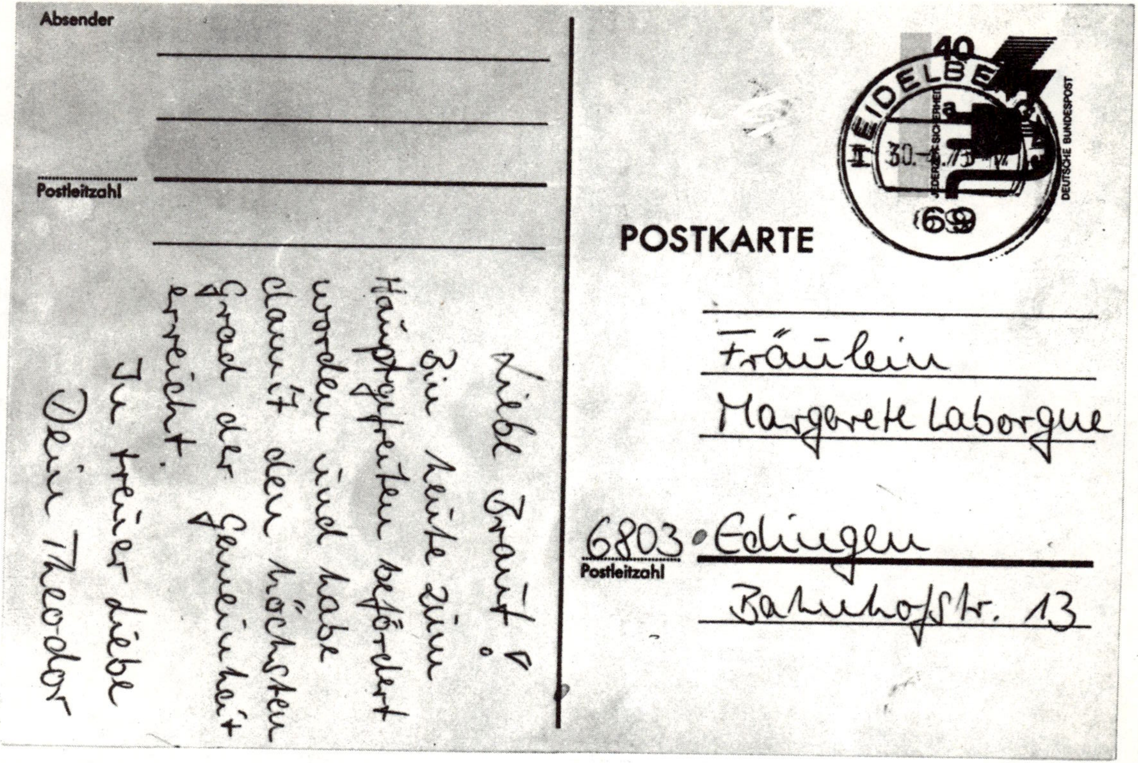

Absender

Postleitzahl

POSTKARTE

DEUTSCHE BUNDESPOST

40

HEIDELBERG 30.4.75 69

JEDERZEIT SICHERHEIT

Fräulein

Margarete Laborgue

6803 Edingen

Postleitzahl

Bahnhofstr. 13

Liebe Braut!

Bin heute zum Hauptgefreiten befördert worden und habe damit den höchsten Grad der Gemeinheit erreicht.

In treuer Liebe

Dein Theodor